AF602411

COLLECTION

DE

M. LE PRINCE PAUL TROUBETZKOÏ

TABLEAUX ANCIENS

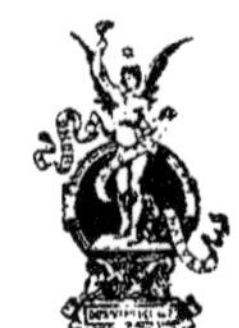

CATALOGUE

DES

TABLEAUX

DE

MAITRES ANCIENS

DES ÉCOLES

FLAMANDE ET HOLLANDAISE

COMPOSANT LA

Collection de M. le Prince Paul Troubetzkoy

ET DONT LA VENTE AURA LIEU

HOTEL DROUOT, SALLE N° 8

Le Mardi 3 Mai 1892

A TROIS HEURES ET DEMIE

COMMISSAIRE-PRISEUR

Mᵉ PAUL CHEVALLIER

10, rue de la Grange-Batelière, 10

EXPERTS

M. EUG. FÉRAL — 54, rue du Faubourg-Montmartre, 54

M. CHARLES MANNHEIM — 7, rue Saint-Georges, 7

EXPOSITIONS

PARTICULIÈRE : *Le Lundi 2 Mai 1892, de 1 h. 1/2 à 5 h. 1/2*

PUBLIQUE : *Le Mardi 3 Mai 1892, jour de la vente, de 1 h. à 3 h. 1/2*

Le présent Catalogue servira de carte d'entrée à l'Exposition particulière

CONDITIONS DE LA VENTE

Elle sera faite au comptant.

Les Acquéreurs paieront *cinq pour cent* en sus du prix d'adjudication.

Paris. — Imp. de l'Art. E. Ménard et Cie, 41, rue de la Victoire.

DÉSIGNATION

BASSEN

(J. BARTHELEMY VAN

1 — *Architecture.*

Une fontaine élégante, à cariatides et à multiples jets d'eau retombant dans une vasque quadrilobée, décore la cour intérieure d'un magnifique palais du XVIe siècle. A droite se dresse une tour carrée à plusieurs étages, terminée par un belvédère dômé. Des couples d'amoureux, des danseurs, des musiciens sont répartis sur les différents plans de cette importante composition. Les figures sont dues au pinceau de *F. Franck.*

Bois. Haut., 66 cent.; larg., 89 cent.

BERCHEM

(KLAAS)

2 — *Marche d'animaux.*

Deux villageoises, l'une portant une corbeille, l'autre assise sur une mule, conduisent à travers la plaine un troupeau composé de deux vaches, d'une chèvre et de plusieurs moutons ; à gauche, un rocher surmonté d'un chêne ; au loin, une chaîne de montagnes dont les crêtes azurées se profilent sous un ciel nuageux.

Signé et daté.

Toile. Haut., 49 cent.; larg., 66 cent.

BERCHEM

(KLAAS)

3 — *Étude d'animaux.*

Deux vaches debout et un âne couché.

Bois. Haut., 20 cent.; larg., 28 cent.

BREUGHEL, LE VIEUX
(PIETER)

4 — *Kermesse flamande.*

Dans la grande salle d'une auberge, on danse au son de deux cornemuses. De nombreux personnages entourent une table sur laquelle on compte des pièces d'argent dans un plat. Le dessus de la table est illustré de dessins de tous genres.

Composition curieuse pour la naïveté des attitudes et pour les détails des costumes flamands au milieu du XVIe siècle.

Bois. Haut., 74 cent.; larg., 1 m. 3 cent.

BREUGHEL, LE VIEUX
(PIETER)

5 — *L'Adoration des mages.*

Village flamand par un temps de neige. Les rues sont envahies par les hommes d'armes du cortège des mages et les serviteurs conduisant les mules caparaçonnées. Les trois rois sont représentés à droite, à la porte de l'étable où la Vierge, l'Enfant nouveau-né et saint Joseph sont abrités. Signé en bas et daté.

Bois. Haut., 40 cent.; larg., 56 cent.

CRANACH

(LUCAS)

6 — *Martin Luther.*

En buste, de trois quarts à droite, à l'âge de quarante-deux ans. Vêtement noir. Fond bleu uni.

Médaillon circulaire signé du dragon ailé et daté 1525.

Intéressant portrait, en parfait état de conservation.

Bois. Diam., 12 cent.

CRANACH

(LUCAS)

7 — *Pyrame et Thisbé.*

Thisbé se perce avec l'épée de Pyrame étendu devant une fontaine. Costumes du XVIe siècle. A droite, au second plan, le lion déchirant le voile perdu par la jeune fille.

Bois. Haut., 59 cent.; larg., 40 cent.

CUYP

(BENJAMIN)

8 — *Les Dunes de Scheveningue.*

Une quinzaine de pêcheurs et de marchands de poissons ont fait leur étalage sur le sable des dunes. Au milieu d'eux et dominant le groupe, deux cavaliers vêtus de gris. A gauche, la plage avec de nombreuses figures.

Signé en bas, à droite : *Cuyp.*

Bois. Haut., 68 cent.; larg., 92 cent.

DEKKER

(CORNILLE)

9 — *Maisons rustiques.*

Plusieurs cabanes en briques et planches, à toitures de chaume, sont construites au bord d'un canal qui traverse un site boisé. Des pêcheurs, dans leurs batelets, vont poser leurs nasses.

Bois. Haut., 48 cent.; larg., 65 cent.

DROOGSLOOT

(J. C)

10 — *Les Patineurs.*

Sur le canal gelé, en dehors des murs d'enceinte, les habitants d'une ville hollandaise se livrent aux plaisirs du patinage. Les toits sont couverts de neige.

Signé en bas.

Bois. Haut., 36 cent.; larg., 58 cent.

DYCK

(PHILIPPE VAN)

11 — *Cérès.*

La déesse, demi-nue, nonchalamment étendue sur un lit de repos, autour duquel se drapent des courtines de velours bleu doublées de drap d'or, tient une torche embrasée. Une jeune fille apporte une gerbe de blé et l'Amour lui présente une faucille.

Bois. Haut., 50 cent.; larg., 41 cent.

Collection Troubetzkoï

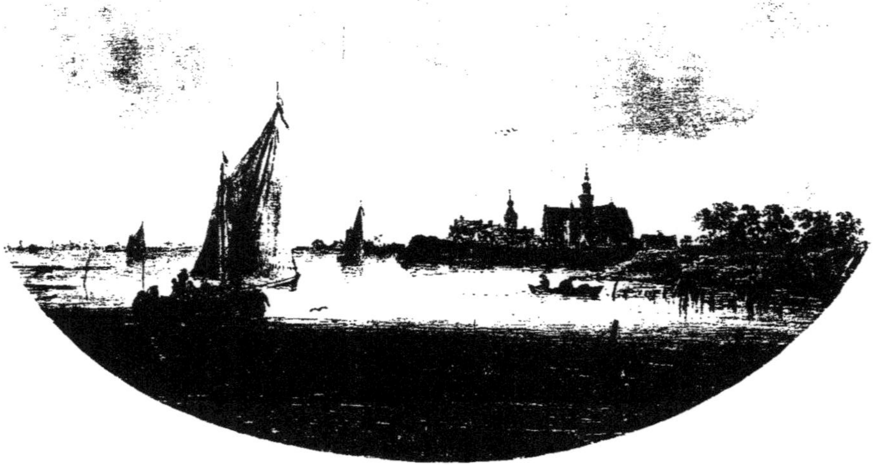

J. VAN GOYEN

GOYEN

(JAN VAN)

12 — *Les Bords de la Meuse.*

Le fleuve coule à travers un pays plat; ses rives sinueuses avec, à droite, une ville hollandaise, se déroulent à perte de vue jusqu'à l'horizon. A gauche, un bateau de pêche, voile déployée. A droite, deux hommes, dans un canot, levant leurs filets, auprès d'une rangée de pilotis.

De beaux nuages grisâtres tamisent la lumière et tout le paysage reste voilé d'une demi-teinte qui en atténue les détails et l'empreint d'un sentiment mélancolique.

Coloration douce, dans la gamme des gris. Charmant tableau de la meilleure époque du maître.

Signé du monogramme et daté 1646.

Bois ovale Haut., 39 cent : larg., 52 cent.

GOYEN

(JAN VAN)

13 — *Le Passeur.*

Un fleuve traverse la composition, baignant les murs d'enceinte d'une ville hollandaise qui s'étage en amphithéâtre sur la droite. En avant, un carrosse attelé de deux chevaux, deux cavaliers et des villageois, occupent un bac qui va quitter la rive. A droite, deux batelets; au loin, des barques de pêche, voiles au vent.

Bon tableau du maître, signé du monogramme et daté de 1644.

Bois. Haut., 55 cent.; larg., 83 cent.

GRIFFIER

(JAN)

14 — *Paysage animé.*

A droite, une maisonnette sur un monticule que contourne une route s'enfonçant à travers bois. Çà et là des figurines : colporteurs, cavaliers, villageois.

Cuivre. Haut., 32 cent.; larg., 38 cent.

Collection Troubetzkoï

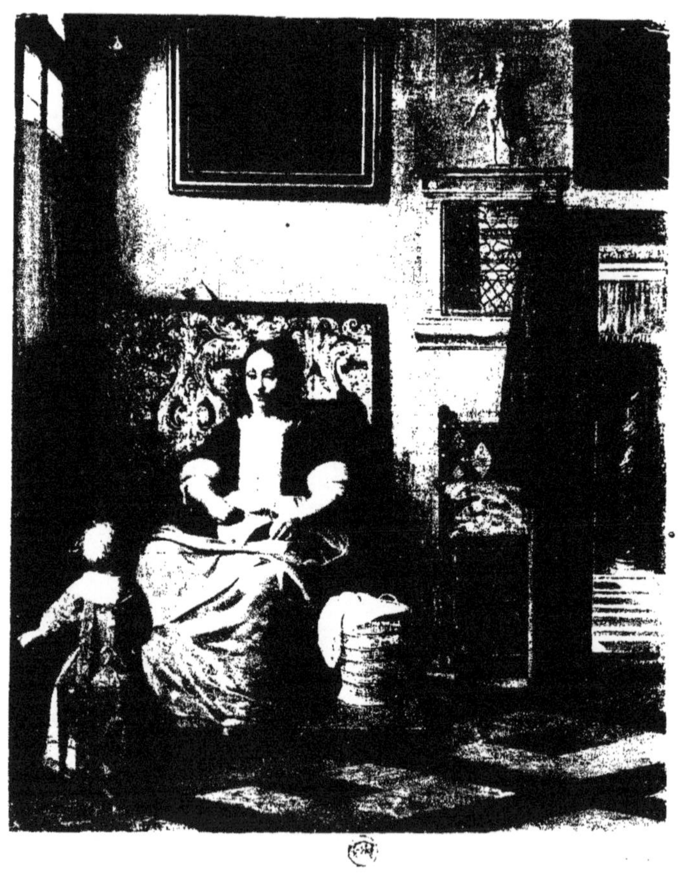

P. DE HOOCH

HOOCH

(PIETER DE)

15 — *L'Intérieur hollandais.*

Dans un élégant salon, pavé de mosaïques, une dame hollandaise, représentée de face, en casaque noire garnie de fourrure blanche, jupe de satin jaune et tablier blanc, occupée à un travail d'aiguille, est assise auprès d'une fenêtre à rideau rouge. Elle cause avec une fillette en robe de soie orange, vue de dos, debout devant elle. A ses pieds, une étoffe blanche est drapée sur le bord d'un panier de jonc. Derrière son siège, un panneau de cuir gaufré protège la muraille qui est décorée de tableaux à bordure noire et percée d'une ouverture grillagée à encadrement architectural, dont la corniche supporte une statuette de Mercure.

A droite, une porte ouverte laisse apercevoir une seconde pièce à colonnes de marbre.

En bas, à gauche, les initiales du peintre, en partie disparues.

Toile. Haut., 55 cent. ; larg., 45 cent.

HUYSMANS DE MALINES

(CORNILLE)

16 — *Paysage boisé.*

Groupe de quatre figures sur un chemin auprès de terrains ensoleillés plantés de sureaux et de grands arbres. Au loin, un ravin, puis une montagne sous un ciel nuageux.

Toile. Haut., 55 cent.; larg., 68 cent.

JARDIN

(KAREL DU)

17 — *Le Berger.*

Il est assis sur un talus, contre une barrière en planches, et souffle dans une corne. Auprès de lui, une chèvre debout et quatre moutons couchés.

Signé des initiales et daté, sur la barrière.

Toile. Haut., 22 cent.; larg., 28 cent.

LEEUW

(PIERRE VAN DER)

18 — *Animaux à l'abreuvoir.*

Une femme, assise sur une vache, débouche d'un bois et conduit vers un ruisseau son troupeau composé d'une vache rousse, d'une chèvre et de deux brebis.

Toile. Haut., 48 cent.; larg., 57 cent.

MONPERE

(JOSSE DE)

19 — *Paysage.*

Plusieurs villageois sont arrêtés sur un mamelon, au pied d'une haute montagne; à droite, un clocher d'église et les cimes des arbres.

Bois. Haut., 61 cent.; larg., 70 cent.

MOOR

(KAREL DE)

20 — *Portrait de jeune fille.*

Assise dans un parc, en élégante toilette de satin à manches ouvertes sur une chemise garnie de dentelle, elle tient un bouquet.

Toile. Haut., 54 cent.; larg., 45 cent.

NEEFFS

(PEETER)

21 — *Intérieur d'église.*

Vue d'une cathédrale gothique avec ses bas-côtés dont les autels sont décorés de triptyques ouverts.

Bois. Haut., 46 cent.; larg., 65 cent.

NEER

(AART VAN DER)

22 — *Canal hollandais, la nuit.*

La lune se lève à l'horizon, projetant une faible clarté qui silhouette à peine les moulins et les maisons rangés sur les deux rives du canal. En avant, sur les eaux clapotantes, un batelier accoste une digue, à la gauche de la composition.

Signé en bas du monogramme et daté 1635.

Toile. Haut., 32 cent.; larg., 48 cent.

Collection Troubetzkoï

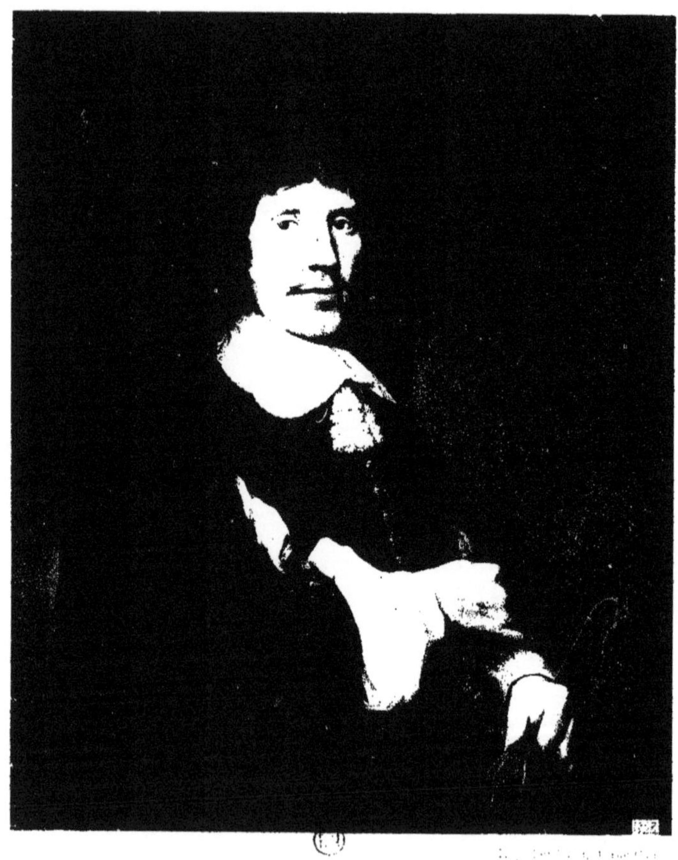

A. PALAMÈDES

OSTADE

(ISACK VAN)

23 — *Les Chanteurs ambulants*

Ils sont arrêtés devant une vieille maison en briques. La femme chante une complainte, un marmot attaché sur son dos ; l'homme chante aussi et racle du violon ; un moutard, la tête sous un linge blanc, drapé dans une loque brune, un panier au bras, complète le groupe. Dans la baie de la porte, dont le battant supérieur est ouvert, une vieille femme écoute, accoudée sur le vantail du bas.

Bois. Haut., 33 cent.; larg., 46 cent.

PALAMÈDES

(ANTON)

24 — *Portrait d'homme.*

Personnage hollandais, représenté à mi-corps, de trois quarts à droite, en pourpoint de velours noir à boutons d'or, manteau gris de fer, col de dentelle, la main droite reposant sur le poignet gauche, tenant des gants de peau. Il est châtain, porte les cheveux longs et frisés et a des moustaches naissantes.

Portrait d'une allure sobre, plein de vérité et de distinction.

Signé à droite :

A° 1653.

A. PALAMEDES, PINXIT.

Toile. Haut., 80 cent.; larg., 66 cent.

PARCELLES

(JAN)

25 — *Marine.*

Des bateaux de pêche hollandais voguent sur une mer agitée dont les flots sont frangés d'écume; à gauche, une estacade en bois. Ciel chargé de nuages gris.

Signé, sur le pavillon d'une barque, des initiales I. P.

Bois. Haut., 58 cent.; larg., 83 cent.

PARCELLES

(JAN)

26 — *Mer houleuse.*

Des pêcheurs jettent leurs filets, en vue de la côte, par un temps de pluie.

Bois. Haut., 25 cent.; larg., 35 cent.

PATENIER

(JOACHIM)

27 — *Paysage boisé.*

Site montagneux, très accidenté, avec, au centre de la composition, une allée de grands arbres où circulent de petites figures.

Bois. Haut., 32 cent.; larg., 45 cent.

POEL

(EGBERT VAN DER)

28 — *Un Incendie, la nuit.*

Une cabane couverte en chaume est la proie des flammes ; les habitants du village emplissent des seaux à la rivière et font la chaîne.

Signé en toutes lettres et daté 1649.

Bois. Haut., 25 cent.; larg., 35 cent.

POELENBURG

(CORNILLE)

29 — *Apollon et Daphné.*

Sur le premier plan, le dieu poursuit la nymphe ; les fonds du paysage sont accidentés et boisés.

Bois. Haut., 17 cent.; larg., 23 cent.

PYNACKER

(ADAM)

30 — *Le Passage du gué.*

Un pâtre pousse devant lui, dans un torrent alimenté par des cascades, deux vaches et deux chèvres qui gambadent.

Bois. Haut., 36 cent.; larg., 50 cent.

PYNACKER

(ADAM)

31 — *Paysage.*

Un bouquet de chênes occupe la gauche de la composition ; à droite, des plaines à perte de vue, traversées par une rivière.

Bois. Haut., 48 cent.; larg., 60 cent.

RAGUENEAU

(A.)

32 — *Portrait d'un jeune seigneur.*

Presque de face, jusqu'à la ceinture, ses longs cheveux châtains descendant sur la collerette de dentelle ; pourpoint gris, à boutons filigranés d'argent ; manteau drapé sur l'épaule gauche.

Signé à droite : *A. Ragueneau*
pinxit.

Bois. Haut., 70 cent.; larg., 57 cent.

ROTTENHAMER
ET
BRIL

33 — *Fleuves et naïades.*

Dix figures parmi les roseaux, sous les arbres.

Cuivre. Haut., 40 cent.; larg., 51 cent.

Collection Troubetzkoï

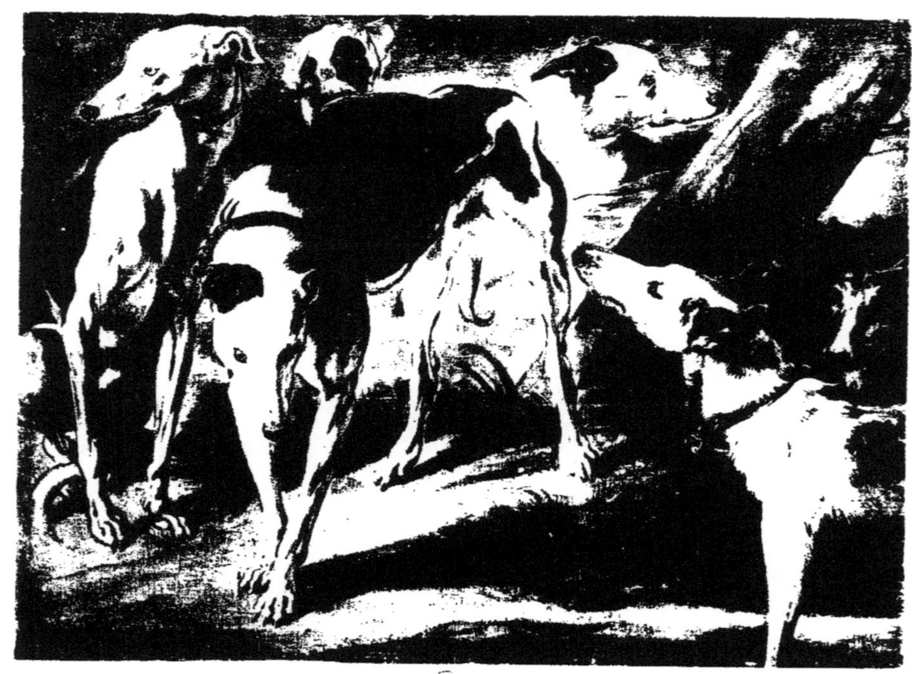

RUBENS

RUBENS

(PETER PAUL)

34 — *Étude de chiens.*

Un beau chien lévrier, blanc moucheté de noir, est représenté quatre fois : 1° en entier, de face, marchant la tête baissée ; 2° en entier, assis, la tête de profil vers la gauche ; 3° la tête seule, de profil à droite ; 4° la tête, vue de nuque, en raccourci, le naseau en l'air.

A droite, un autre lévrier à poil plus long est vu de profil, levant le nez ; par-dessus son dos, apparait la tête d'un chien de même race.

Superbes études, d'une exécution magistrale, d'une nervosité et d'une sûreté d'indication tout à fait remarquables. C'est un morceau d'art de la plus haute valeur.

Toile. Haut., 85 cent.; larg., 1 m. 10 cent.

RUBENS

(PETER PAUL)

35 — *Le Prophète Élie dans le désert.*

Vêtu d'une peau de bête et d'une draperie bleue, le prophète est tourné de profil. Un ange lui présente un pain et un verre à forme de calice rempli d'eau. Ce tableau figure une tapisserie suspendue sous un entablement, entre deux colonnes torses d'ordre composite.

Petite esquisse peinte en frottis légers et d'une coloration d'un gris nacré très délicate. C'est une première pensée du grand tableau du Musée du Louvre. (Voir la note du numéro suivant.)

Toile. Haut., 15 cent.; larg., 13 cent.

RUBENS

(PETER PAUL)

36 — *Les Israélites recueillant la manne dans le désert.*

Comme la précédente, c'est une des esquisses pour les neuf grandes compositions destinées à être reproduites en tapisserie et qui furent peintes par ordre de Philippe IV, qui les donna à son ministre le duc d'Olivarès pour décorer un couvent de carmélites à Loeches, près de Madrid.

Bois. Haut., 15 cent.; larg., 13 cent.

SCHOTANUS

(PEETER)

37 — *Le Roi chasseur.*

La couronne sur la tête, le sceptre à la main droite, la main gauche appuyée sur une sphère, un souverain se tient debout contre une console où sont étalées diverses pièces de gibier à plume.

Signé : *P. Schotanus 1667.*

Toile. Haut., 71 cent.; larg., 59 cent.

SCHOFF

38 — *Paysage.*

Villageois et son troupeau sur le bord d'une rivière qui baigne le pied d'une montagne boisée.

Signé et daté 1647.

Ce tableau offre de l'analogie avec les ouvrages de Van Goyen.

Bois. Haut., 18 cent.; larg., 26 cent.

SON

(JORIS VAN)

39 — *Nature morte.*

Un hareng mariné dans une assiette d'étain, un pain entamé, des prunes, des pêches, de grosses noix, des nèfles, une poire dans un saladier de Delft, des raisins muscats, un beau vidrecome à bossages en vermeil, une serviette, sont assemblés sur une table recouverte d'un tapis verdâtre à franges d'or.

Excellente peinture signée en toutes lettres en bas, à gauche.

Bois. Haut., 47 cent.; larg., 62 cent.

STOOP

(THIERRY)

40 — *La Halte.*

Plusieurs cavaliers, dont un est descendu de sa monture, sont arrêtés auprès d'un ruisseau où un chien se désaltère.

Toile. Haut., 38 cent.; larg., 55 cent.

STREEK

(JURIAAN VAN)

41 — *Nature morte.*

Une pipe de terre blanche, une montre avec un ruban rouge, des huitres sur un plat d'étain, deux gros citrons dont un à moitié pelé, un pain, un gobelet d'argent, une chope de bière et un verre de vin, sur une table à demi cachée par un tapis.

Bois. Haut., 48 cent.; larg., 49 cent.

SUSTERMANS

(JUSTE)

42 — *Portrait d'une dame de qualité.*

En buste, presque de face, chevelure brune, somptueux costume italien de la fin du XVIe siècle; collerette de guipure, robe de velours ponceau brodée d'argent, parure de perles.

Toile. Haut., 64 cent.; larg., 49 cent.

VENNE

(ADRIAAN VAN DER)

43 — *Gentilhomme à sa toilette.*

Assis sur une chaise, une jambe croisée sur l'autre, il démêle sa chevelure devant un miroir qu'un page soutient sur une table entièrement cachée par un tapis d'Orient.

Par terre, des fers à friser, un réchaud, des manchettes de guipure, une bague.

Tableau peint en grisaille, signé en bas en toutes lettres.

Bois. Haut., 40 cent.; larg., 33 cent.

VENNE

(ADRIAAN VAN DER)

44 — *Les Musiciens ambulants.*

Deux pauvres vieux cheminent côte à côte dans la campagne, guidés par un caniche. L'homme, amputé d'une jambe, joue de la vielle ; la femme, aveugle, chante et joue du *Rommelpot.*

Peinture en grisaille. Signé en toutes lettres.

Bois. Haut., 36 cent.; larg., 29 cent.

VENNE

(ADRIAAN VAN DER)

45 — *La Reine de Saba.*

Les présents, joyaux, coffrets, vases et pièces d'orfèvrerie sont déposés au pied du trône où Salomon, le sceptre en main, est assis sous un dais, ayant à ses côtés les dignitaires de la cour.

La Reine s'incline avec respect; un page soutient la traîne de son manteau.

Peinture en grisaille.

Bois. Haut., 75 cent.; larg., 1 m. 6 cent.

VENNE

(ADRIAAN VAN DER)

46 — *Sujet biblique.*

Un personnage, Moïse ? précipite un serpent dans un brasier en présence des Hébreux et d'hommes d'armes tenant des hallebardes.

Peinture en grisaille. Signée en bas.

Bois. Haut., 71 cent.; larg., 58 cent.

VINCKEBOONS

(DAVID)

47 — *Kermesse flamande.*

Toute la population est rassemblée dans la rue principale d'une ville des Flandres, où se succèdent des traineaux allant au pas, des chanteurs et des musiciens ambulants, des groupes de curieux arrêtés devant les boutiques, etc.

Bois. Haut., 35 cent.; larg., 62 cent.

VLIET

(HENRI VAN)

48 — *Intérieur d'église.*

Les piliers supportant les arceaux en ogive de la grande nef ressortent en clarté blanche sur le dallage de pierre grise et sur les bas-côtés tenus dans une pénombre chaude ; à droite, un cavalier et une dame sont arrêtés contre la grille d'entourage d'un mausolée à colonnes de marbre noir.

Bois. Haut., 59 cent.; larg., 46 cent.

VRANCKX

(SÉBASTIEN)

49 — *L'Embuscade.*

Un gros de cavaliers, armés de mousquets, sont arrêtés sur la lisière d'un bois. Leur chef, revêtu de l'armure, et montant un cheval blanc, donne des ordres.

Signé en bas, à droite, du monogramme.

Bois. Haut., 51 cent.; larg., 39 cent.

WYNANTS

(JAN)

50 — *La Maison rustique.*

Une pittoresque habitation aux parois de briques disjointes et de crépi à demi-disparu, aux poutrelles entrecroisées, à la toiture de chaume, est construite sur une éminence moussue où se dressent trois vieux saules ébranchés. Au pied du monticule, un tronc d'arbre à moitié écorcé gît renversé parmi les gravats et les chardons.

Un petit chien blanc, tacheté de roux, est couché auprès d'un bât. Au milieu de la route sinueuse, qui contourne la maison, un campagnard s'apprête à harnacher un cheval bai. Sur le talus qui borde ce chemin, à gauche, sont assis un colporteur et une femme tenant une quenouille.

Ce tableau figurait dans la collection sous le nom de Wynants dont il est digne à tous égards. Nous croyons cependant devoir relater l'opinion de personnes compétentes qui ont cru reconnaître une production de la première manière de Philippe Wouwermans, alors qu'il était encore sous l'influence de Wynants, son maître ; de l'un ou de l'autre de ces deux artistes, c'est une œuvre très remarquable pour la transparence du coloris et le précieux fini des détails dans les plantes et les écorces d'arbres, rendus avec une rare perfection.

Les figures et les animaux sont d'une autre main, on les attribue non sans raison à Isack van Ostade.

Toile. Haut., 65 cent.; larg., 72 cent.

WYNANTS

ECOLE FLAMANDE

(xve siècle)

51 — *Le Calvaire.*

Jésus expire sur la croix, entre les deux larrons liés à des arbres. Au pied de la croix, à gauche, la Vierge drapée dans un manteau bleu, saint Jean et la Madeleine. A droite, Nicodème d'Arimathie et plusieurs hommes d'armes.

Peinture à la détrempe sur toile, fort intéressante et provenant de la galerie du comte Castelbarco, de Milan, où elle était cataloguée sous le nom de Lucas de Leyde.

Toile. Haut., 70 cent.; larg., 55 cent.

ECOLE FRANÇAISE

(Époque Louis XV)

52 — *Deux Promenades publiques.*

Composition dans la manière de Saint-Aubin et comprenant de nombreuses figures en costumes du temps de Louis XV.

Esquisses.

Bois. Haut., 21 cent.; larg., 35 cent.

ECOLE HOLLANDAISE

(XVIIIe siècle)

53 — *Vanité des vanités.*

Sur une table de bois sont réunis divers objets emblématiques au sujet : une tête de mort, des fruits trop mûrs, de vieux bouquins, un luth et une partition, une cruche de terre rouge où trempent des épis flétris.

Tableau d'un coloris chaud ambré, très largement brossé et d'un effet rembranesque.

Bois. Haut., 72 cent.; larg., 1 m. 8 cent.

ECOLE HOLLANDAISE

(XVIIe siècle)

54 — *Paysage et animaux.*

Un âne couché, un cheval blanc et un cheval bai, dans un pré sur la lisière d'un bois.

Bois. Haut., 18 cent. larg., 24 cent.

HALS, LE JEUNE

(FRANZ)

55 — *Intérieur de cuisine.*

Des légumes : choux, carottes, courge, oignons, des poteries, des ustensiles de ménage sont éparpillés sur le sol de la pièce et sur une table de bois blanc. A droite, une cage a poulets, un seau, un baquet contre un puits. Une femme ouvre la porte de la pièce.

Ce tableau offre une frappante analogie avec les œuvres de W. Kalf. Il porte le monogramme de Franz Hals, le fils.

Bois. Haut., 40 cent.; larg., 55 cent.

ECOLE ITALIENNE

(XVIIe siècle)

56 — *Portrait d'homme.*

En buste, cheveux gris, cravate blanche, habit noir.

Toile. Haut., 47 cent : larg . 36 cent.

www.ingramcontent.com/pod-product-compliance
Ingram Content Group UK Ltd.
Pitfield, Milton Keynes, MK11 3LW, UK
UKHW020452180726
13839UKWH00004B/1783

9 782329 534091